« Il faut être fier d'avoir hérité de tout ce que le passé avait de meilleur et de plus noble. Il ne faut pas souiller son patrimoine en multipliant les erreurs passées. »

— Mohandas K. Gandhi

Ce que nous avons reçu est grand et noble. À nous de ne pas l'abimer par négligence ou indifférence.

# AVIGNON, Tes remparts agonisent

*Un patrimoine mondial qu'on laisse mourir*

## Préface

Les remparts d'Avignon ne sont pas de simples murailles de pierre. Depuis des siècles, ils se dressent face au temps, témoins des luttes, des espoirs et des ambitions de ceux qui les ont bâtis, défendus et traversés. Imposants, majestueux, ils ont protégé la ville autant qu'ils l'ont façonnée. Pourtant, malgré leur grandeur, ils ont failli disparaître.

Au XIXe siècle, certains les jugeaient inutiles, encombrants. On parlait de modernité, de circulation, de progrès. On voulait les abattre, comme tant d'autres remparts en France. Il a fallu l'indignation et la ténacité de quelques voix éclairées pour empêcher leur destruction. Sauvés une première fois, ils se dressent encore, mais pour combien de temps ? Aujourd'hui, une autre menace plane sur eux : celle de l'indifférence. Leur dégradation est vertigineuse. Ici, des pierres s'effritent sous l'effet du temps et des intempéries ; là, des pans de murailles s'écroulent dans l'oubli. Si rien n'est fait, le temps finira par accomplir ce que les démolisseurs du XIXe siècle n'ont pas réussi à achever.

Ce livre est un cri d'alarme autant qu'un hommage. Il ne s'agit pas seulement de raconter leur histoire, mais d'alerter sur l'urgence de leur préservation. Contempler ces vestiges avec nostalgie ne suffit plus : il faut comprendre qu'ils nous interpellent, qu'ils exigent de nous une vigilance, une action. Laisser ces murs s'effondrer, c'est laisser mourir un pan de notre mémoire, consentir à l'effacement d'un héritage que nous avons le devoir de sauvegarder. Ignorer leur sort, c'est accepter que demain, il ne reste d'eux que quelques gravats et des souvenirs effacés par l'oubli.

Mais au-delà du combat pour leur sauvegarde, ce récit est aussi un jeu de pistes. Il ne se veut pas purement historique. Il puise dans les archives, s'appuie sur des documents authentiques, mais là où les sources se taisent, l'imagination prend le relais. Certains faits sont avérés, d'autres réinventés. À vous, lecteur, de démêler le vrai du vraisemblable, de mener votre propre enquête entre histoire et fiction.

Les pages qui suivent invitent à un voyage dans le temps, depuis les premières murailles gallo-romaines jusqu'aux bastions modernisés de la Renaissance, en passant par les grandes campagnes de fortification du XIVe siècle. Elles plongent aussi dans le quotidien des hommes et des femmes qui ont participé à cette œuvre colossale, qu'ils soient tailleurs de pierre, soldats ou simples citoyens vivant à l'ombre des remparts.

Au fil de cet ouvrage, vous découvrirez que ces murailles ne sont pas de simples témoins figés du passé, mais des acteurs à part entière d'une histoire riche en défis. Chaque pierre, chaque tour, chaque bastion porte en lui les traces des rêves et des luttes d'une humanité en quête de protection, d'ordre et de grandeur.

Puissiez-vous, en tournant ces pages, ressentir la fierté des bâtisseurs, le courage des défenseurs et l'effervescence d'une époque où Avignon, cité des Papes, s'imposait comme un phare dans une Europe en mutation. Et surtout, puissiez-vous comprendre qu'il est encore temps d'agir. Car si ces remparts tombent, ce n'est pas seulement la pierre qui s'effondre : c'est une part de notre histoire qui disparaît, et avec elle, un peu de nous-mêmes.

Roger SEILLE

Les remparts en piteux état. Ne laissons pas des siècles d'histoire s'effondrer

# Les Remparts d'Avignon : De leur création à aujourd'hui

## Introduction

Les remparts d'Avignon, véritables gardiens de la cité des Papes, comptent parmi les ensembles défensifs médiévaux les plus remarquables encore visibles en Europe. Si leur silhouette majestueuse continue de dominer le paysage urbain, leur état de conservation suscite aujourd'hui une inquiétude croissante. Témoins de siècles d'histoire, ils incarnent à la fois les ambitions politiques, les tourments militaires et les aspirations spirituelles d'une époque révolue. Ce livre retrace leur évolution, de leur édification initiale au XIVe siècle sous l'impulsion des papes, jusqu'à l'impérieuse obligation de préserver ce patrimoine dans la vie contemporaine d'Avignon.

Les remparts ont fait l'objet de plusieurs classements au titre des monuments historiques par le ministère de la Culture : en 1906, 1914, 1915, 1933 et 1937, témoignant de leur importance croissante dans l'héritage architectural français. En 1995, ils ont également été intégrés au périmètre du patrimoine mondial de l'UNESCO, avec l'ensemble du centre historique d'Avignon, soulignant leur valeur universelle exceptionnelle. Ces reconnaissances officielles rendent d'autant plus intolérable l'état actuel de l'ensemble des remparts, aujourd'hui négligés ou en péril. Il est inconcevable qu'un tel héritage, sanctuarisé par l'État et reconnu par l'UNESCO pour sa valeur universelle, soit laissé à l'abandon. Ce n'est plus seulement une question de patrimoine, c'est une question de conscience collective. Ne pas agir, c'est consentir à leur disparition, lentement mais irrémédiablement...

Au fil des siècles, les remparts ont subi de nombreuses modifications pour s'adapter à l'évolution de la ville :

- **Création de nouvelles portes :**
    - *Porte Saint-Roch* (1836), percée pour améliorer l'accès à l'ouest de la ville.
    - *Porte Thiers* (1890), en lien avec l'élargissement du boulevard Raspail.
    - *Porte Saint-Michel* (1900), ouverte pour faciliter la liaison vers la gare.
    - *Porte Magnanen* (1905), pour relier la ville à ses faubourgs nord.

- *Porte de la République* (1909), percée au centre de l'ancien rempart pour prolonger l'axe majeur de l'urbanisme haussmannien local.
- *Porte Saint-Charles* (début XXe siècle), percée pour desservir les quartiers sud-est.
- *Porte Limbert* (début XXe siècle), aménagée pour désenclaver l'accès aux boulevards extérieurs.
- *Porte Saint-Joseph* (début XXe siècle), ajoutée pour fluidifier la circulation vers les nouveaux faubourgs.
- *Porte de la Ligne* (XXe siècle), créée pour améliorer l'accès aux quartiers est.
- *Porte du Rocher* (XXe siècle), aménagée pour relier les hauteurs du Rocher des Doms au cœur urbain.

- **Aménagement de poternes** :
  - *Poterne Saint-Lazare* (XIXe siècle), ouverte pour les piétons.
  - *Poterne de l'Oulle* (XXe siècle), pour accéder au quai.

- *Poterne du Rocher des Doms* (XIXe siècle), pour relier directement le jardin à la ville.

L'objectif de cet ouvrage est de rappeler que ces remparts ne sont pas un simple décor, mais un bien commun, dont la sauvegarde ne relève pas d'un choix, mais d'un devoir.

# Chapitre 1 : Avignon avant les remparts

## 1. Une position stratégique dès l'Antiquité (IIIe siècle avant J.-C. – Ier siècle après. J.-C.)

Située sur les rives du Rhône, Avignon s'impose très tôt comme un carrefour commercial et stratégique. Avant de devenir une cité fortifiée, elle est occupée dès le IIIe siècle avant J.-C. par les Cavares, un peuple celto-ligure qui érige un oppidum sur le Rocher des Doms, position naturelle idéale pour se défendre et surveiller les routes fluviales.

Avec l'arrivée des Romains en 121 avant J.-C., Avignon – alors nommée Avenio – est intégrée à la Provincia Narbonensis, une province romaine située dans le sud de la Gaule, correspondant grosso modo à l'actuelle région de la Provence. La Provincia Narbonensis faisait partie de l'expansion de l'Empire romain et jouait un rôle clé dans l'intégration de la Gaule, grâce à sa position stratégique au carrefour des routes commerciales et militaires entre l'Italie, l'Espagne et les autres territoires gallo-romains.

En tant que nouvelle province, Avenio devient un centre économique actif, bénéficiant d'infrastructures typiques de l'urbanisme romain : un forum, des thermes, un théâtre et des entrepôts portuaires. Mais, face aux incursions de tribus non romanisées, les Romains édifient un premier système défensif : un mur de terre et de pierres renforcé par des palissades de bois. Ce dispositif rudimentaire marque la première tentative d'enceinte protectrice de la ville.

## 2. Les bouleversements de l'Antiquité tardive (IIIe – VIe siècle)

À partir du IIIe siècle, l'Empire romain s'affaiblit et la ville subit les assauts successifs des peuples germaniques. Tout d'abord, les Alamans, une confédération de tribus germaniques, multiplient leurs incursions en Gaule, menaçant la sécurité de la région. Puis, en 407, ce sont les Vandales, un autre peuple germanique, qui franchissent les frontières de l'Empire, dévastant les provinces romaines et poussant Avignon à renforcer ses défenses. Sous cette pression croissante, les habitants remplacent les structures de bois par une véritable muraille de pierre. Toutefois, ces efforts ne suffisent pas : Avignon est pillée à plusieurs reprises et tombe en 473 sous la domination des Wisigoths, un peuple germanique issu des Goths, qui, après avoir pillé Rome en 410 sous la conduite d'Alaric Ier, se sont installés dans le sud-ouest de la Gaule. En 418, ils se voient attribuer par l'Empire romain la région de la Gaule aquitaine, étendant ainsi leur royaume. Leur présence à Avignon marque une consolidation du pouvoir wisigoth sur le sud de la Gaule, qui durera plusieurs décennies, jusqu'à leur expansion en Espagne.

Après les Wisigoths, ce sont les Burgondes, originaires de la vallée du Rhin et de la Suisse actuelle, qui prennent le contrôle de la ville. Installés dans le Rhône, les Burgondes forment un royaume fédéré de l'Empire romain à partir de 443. Leur royaume, qui s'étendait sur l'est de la Gaule, résiste aux incursions des autres peuples germaniques et connaît une période de stabilité avant d'être progressivement absorbé par les Francs au VIe siècle. Cette instabilité, alimentée par les invasions successives et la fragmentation de l'Empire romain, pousse la population à réaménager les défenses, construisant des tours de guet et des points de repli à l'intérieur même des murs.

## 3. La domination mérovingienne et les incursions sarrasines (VIIe – IXe siècle)

Sous la domination mérovingienne, Avignon connaît une relative stabilité, bien que ses fortifications, faute d'entretien, se dégradent progressivement. Les Mérovingiens, première dynastie des rois francs, règnent sur la Gaule pendant cette période, mais la centralisation du pouvoir est faible, et les royaumes sont souvent divisés. La ville, bien que soumise à cette dynastie, conserve une importance stratégique et commerciale, mais ses défenses, jadis solides, souffrent de l'oubli et de l'inaction des autorités locales. Cependant, la menace sarrasine bouleverse cet équilibre. En 725, les Sarrasins, musulmans venus d'Espagne, s'installent à Avignon. Ces envahisseurs utilisent les remparts de la ville pour contrôler la vallée du Rhône, leur permettant d'exercer une pression constante sur les régions voisines et de maintenir une présence sur les routes commerciales essentielles entre l'Orient et l'Occident. Le contrôle de la vallée devient un enjeu crucial dans la lutte pour l'Empire. Ce n'est qu'en 737 que Charles Martel, maire du palais des Carolingiens, véritable stratège et défenseur du royaume franc, reprend la ville après un siège dévastateur. Lors de cette reconquête, les fortifications sont largement détruites, laissant la ville vulnérable.

Les Carolingiens, successeurs des Mérovingiens, entreprennent alors une reconstruction partielle des murailles. Cependant, faute de moyens financiers et de ressources, ces nouvelles fortifications restent modestes, insuffisantes face aux menaces continues qui pèsent sur la région. Dès lors, la ville repose sur un système d'alerte rudimentaire : des guetteurs sont postés sur les hauteurs du Rocher des Doms pour surveiller les environs. Ces guetteurs signalent toute approche ennemie à l'aide de feux ou de sonneries, offrant ainsi un préavis pour la population et permettant à la ville de se préparer face à d'éventuelles incursions.

## 4. L'émergence des seigneurs locaux et les rivalités territoriales (Xe – XIIIe siècle)

À partir du Xe siècle, la dissolution du pouvoir carolingien entraîne l'essor des seigneuries locales, créant une situation politique fragmentée. Avignon, à la croisée des intérêts de plusieurs puissances, devient un enjeu stratégique crucial. Entre les comtes de Provence, les évêques et les seigneurs voisins, les tensions s'intensifient, exacerbées par les rivalités politiques et les ambitions territoriales. Ce contexte agité pousse à la reconstruction d'une enceinte plus solide, bien qu'elle demeure toujours imparfaite et vulnérable face aux nouvelles menaces.

La ville s'agrandissant, une garnison est mise en place pour surveiller les entrées et les failles des remparts. Les habitants, conscients de la fragilité de leurs défenses, participent activement à la protection de la cité. Des milices sont formées, chargées de patrouiller les rues et de repousser les attaques éventuelles. Cependant, malgré ces efforts, Avignon subit un siège en 1226, lors de la croisade contre les Albigeois.

Ce siège, mené par Louis VIII, roi de France, s'inscrit dans le contexte de la lutte acharnée contre l'hérésie cathare, qui se propage dans le sud de la France. Bien que sous autorité nominale du Saint-Siège, Avignon est alors contrôlée par les comtes de Provence, alliés du comte de Toulouse Raimond VII, protecteur des cathares. Refusant d'ouvrir ses portes à l'armée royale, la ville endure un siège de trois mois, entre juin et septembre 1226, marqué par des assauts répétés et des conditions de vie difficiles pour les défenseurs.

Finalement, après plusieurs mois de résistance, Avignon capitule. En guise de punition, la ville doit démanteler ses remparts, une mesure symbolique et stratégique imposée par le roi Louis VIII. Ce démantèlement a plusieurs objectifs : affaiblir la capacité défensive de la cité, réduire les possibilités de résistance future et marquer l'humiliation de la défaite. Les fortifications, qui avaient assuré la protection de la ville, sont détruites, supprimant ainsi une partie de son autonomie et affaiblissant sa position stratégique dans la région.

Toutefois, Avignon ne reste pas longtemps une ville ouverte et sans protection. Dès 1234, la reconstruction des remparts est engagée à l'initiative des autorités municipales, soucieuses de restaurer la sécurité de la cité face aux menaces extérieures. Ce projet est financé par la communauté urbaine, mobilisant les ressources locales pour ériger une nouvelle enceinte plus efficace. La cité s'étant développée le tracé de ces nouvelles fortifications s'écarte de trente à quarante mètres des ruines de l'ancienne enceinte, suivant approximativement les actuelles rues Trois-Colombes, Campane, Philonarde, Lices, Henri Fabre, Joseph Vernet et Grande Fusterie. Ces travaux, débutés en 1234, ne seront achevés qu'en 1248, marquant un tournant décisif dans la défense de la ville.

La reconstruction des fortifications sera décidée par les autorités papales, afin de restaurer la sécurité de la ville, renforcer son rôle stratégique et affirmer le pouvoir papal sur la région. Ce projet marquera le début d'une nouvelle ère pour Avignon, consolidant ses défenses et son statut de ville papale.

## 5. L'arrivée des papes : un tournant décisif (XIVe siècle)

Pourquoi Avignon devient-elle le siège de la papauté en 1309 ? À cette époque, Rome est secouée par des luttes intestines, créant un climat de danger pour la curie papale. Le pape Clément V, soucieux de la sécurité de la papauté et de la stabilité de ses institutions, choisit alors Avignon pour son environnement politique plus apaisé et sa proximité avec les terres du Saint-Empire. Cette décision marque un tournant décisif dans l'histoire de la ville.

Avignon devient dès lors un centre névralgique du pouvoir chrétien, une ville d'envergure internationale. L'afflux des papes et des membres de la curie, ainsi que les nombreuses affaires religieuses, administratives et diplomatiques qui s'y déroulent, entraînent une expansion de la ville sans précédent. Cependant, cette prospérité attire également de nouvelles menaces, et la ville se doit de renforcer ses défenses.

Ce n'est qu'au début du XIVe siècle que la reconstruction d'une enceinte véritablement efficace est envisagée. Face aux troubles qui secouent le sud de la France et aux ambitions de la couronne de France, les papes successifs décident de doter Avignon d'un rempart imposant. Cette enceinte, financée par le pouvoir pontifical, doit garantir la sécurité des institutions ecclésiastiques et affirmer l'autorité papale sur la cité.

Devant l'ampleur des menaces, le pape Benoît XII, dans une volonté de protéger sa résidence et de marquer la puissance papale, ordonne en 1334 la construction d'une enceinte fortifiée imposante. Cette muraille en pierre, longue de plus de quatre kilomètres, est flanquée de tours et percée de portes fortifiées, renforçant ainsi considérablement la sécurité d'Avignon. La construction de ces fortifications, commencée sous Benoît XII et achevée sous Innocent VI au milieu du XIVe siècle, façonne définitivement le visage défensif de la ville.

## 6. Avignon et la Méditerranée : une connexion essentielle

Bien que située à environ 80 kilomètres de la mer Méditerranée, Avignon entretient depuis l'Antiquité un lien étroit avec celle-ci grâce au Rhône, véritable artère commerciale et stratégique. À l'époque médiévale, le fleuve est l'une des principales voies de transport reliant l'intérieur des terres aux grands ports du littoral, notamment Arles, Aigues-Mortes et Marseille.

L'importance du Rhône est renforcée par la volonté des papes d'Avignon de garantir un approvisionnement régulier en denrées, en matériaux de construction et en produits de luxe. Les grandes nefs et galées, en provenance de l'Italie, de l'Espagne ou du Levant, débarquent leurs cargaisons dans les ports méditerranéens, où elles sont ensuite acheminées par voie fluviale jusqu'à Avignon. Selon Jacques Heers (*La ville au Moyen Âge*, 1990), « les fleuves sont alors les véritables routes du commerce, permettant des échanges à grande échelle entre les royaumes et les cités portuaires du bassin méditerranéen ».

Le port d'Arles, situé en aval d'Avignon, joue un rôle clé dans ce réseau. Historiquement, il a toujours été un carrefour commercial entre le nord et le sud, et sous la papauté avignonnaise, il devient un point de passage obligé pour les marchandises à destination du palais pontifical. De plus, Aigues-Mortes, construit sous Saint Louis pour faciliter les départs en croisade, demeure un port actif à l'époque des papes, bien que son envasement progressif commence à limiter son usage.

Si la Méditerranée est physiquement éloignée d'Avignon, elle reste donc au cœur de sa prospérité économique et stratégique. Cette connexion maritime explique aussi l'intérêt des papes pour le contrôle du commerce fluvial, notamment par la perception de taxes sur les marchandises transitant par la ville. L'historien Philippe Wolff (*Commerce et marchands dans le Midi de la France au Moyen Âge*, 1972) souligne que « les flux commerciaux entre Avignon et la Méditerranée ne se limitent pas aux biens matériels : ce sont aussi des idées, des influences artistiques et des pratiques administratives qui circulent, renforçant encore le rayonnement de la cité pontificale ».

## 7. La défense d'Avignon face aux nouvelles menaces

Avec l'essor économique et démographique de la ville, ainsi que son statut de capitale pontificale, la nécessité d'une défense renforcée s'impose. La défense d'Avignon s'organise alors autour d'un système militaire complet : une garnison permanente, des tours de guet pour surveiller les alentours et des corps de garde pour assurer la protection des portes. L'ensemble de ces fortifications, financé par la papauté, fait d'Avignon une cité imprenable, symbole de la puissance pontificale et de son influence sur la chrétienté.

Les historiens tels que Jean Favier (*Les papes d'Avignon*, 2006) et Alain Girard (*Histoire des fortifications du Moyen Âge*, 1998) soulignent que l'enceinte papale est non seulement une forteresse militaire, mais aussi une manifestation du pouvoir de l'Église en terre provençale. Conçue pour résister aux sièges et aux bandes de routiers qui ravagent la région durant la guerre de Cent Ans, elle demeure aujourd'hui un témoin du rôle stratégique qu'Avignon a joué au Moyen Âge.

**Repères historiques**

- **IIIe siècle av. J.-C.** : Fondation de la cité d'Avenio par les Cavares sur le Rocher des Doms.
- **121 av. J.-C.** : Avignon est intégrée à la *Provincia Narbonensis* romaine.

- **Ier siècle av. J.-C.** : Construction des premières fortifications rudimentaires.
- **IIIe – Ve siècle** : Invasions barbares, la ville passe sous domination wisigothe puis burgonde.
- **725** : Invasion sarrasine, Avignon devient un bastion arabe.
- **737** : Reconquête par Charles Martel, destruction des remparts.
- **Xe – XIIIe siècle** : Conflits entre seigneurs locaux, mise en place de nouvelles défenses.
- **1226** : Siège d'Avignon par Louis VIII lors de la croisade contre les Albigeois.
- **1309** : Transfert de la papauté à Avignon.
- **1334** : Construction des remparts sous Benoît XII, marquant l'aboutissement de siècles d'évolutions défensives.

**À retenir**

Avant l'installation des papes, Avignon était une cité vulnérable, marquée par des assauts répétés et des reconstructions successives de ses fortifications. Ce n'est qu'avec l'impulsion papale que la ville devient une place forte imprenable, incarnant à la fois la puissance de la papauté et l'organisation d'un centre politique et religieux majeur.

Bien que située loin du littoral, Avignon a toujours été tournée vers la Méditerranée par le biais du Rhône, qui en a fait un centre d'échanges et de commerce international. Cette connexion fluviale a non seulement facilité son essor économique, mais aussi renforcé son attractivité pour la papauté, contribuant à l'épanouissement de la ville sous le règne des pontifes avignonnais.

# Chapitre 2 : Le choix d'Avignon : un tournant politique et stratégique

Lorsque Clément V installe la papauté à Avignon en 1309, la ville n'est pas un choix anodin. À cette époque, l'Italie est plongée dans une instabilité chronique. Rome, théâtre de conflits entre grandes familles aristocratiques comme les Colonna et les Orsini, n'offre plus la sécurité nécessaire à la curie pontificale. De plus, le climat politique du Saint-Siège reste marqué par les tensions laissées par le conflit entre Boniface VIII et Philippe le Bel, ce dernier ayant orchestré l'arrestation brutale du pape en 1303 à Anagni.

Face à ce contexte troublé, Avignon apparaît comme une solution pragmatique. Située aux confins du Royaume de France et du Saint-Empire romain germanique, elle dépend officiellement du comté de Provence, un fief du Saint-Empire, mais est sous forte influence française. Ce statut lui confère un avantage certain : elle se trouve hors du territoire direct du roi de France, tout en restant sous son contrôle indirect. Philippe le Bel et ses successeurs, notamment Philippe VI, voient ainsi dans le déplacement de la papauté une opportunité stratégique. Sans être formellement soumise à la couronne, Avignon reste accessible et sous l'influence des souverains français, qui peuvent peser sur les décisions du Saint-Siège sans risquer une opposition frontale avec le clergé romain.

## 1. Une ville sous influences croisées

En 1309, Avignon n'est pas encore une possession pontificale. La ville appartient aux comtes de Provence, mais ces derniers, bien que nominalement vassaux du Saint-Empire, sont eux-mêmes sous une influence croissante du royaume de France. La région est alors un territoire morcelé, partagé entre plusieurs seigneuries et dominé par des enjeux de pouvoir complexes.

Dans cette configuration, l'installation des papes à Avignon change radicalement l'équilibre local. La présence pontificale renforce la prospérité économique de la cité, attire des marchands italiens, des financiers lombards et des artisans qualifiés. Cependant, elle suscite aussi des tensions. Les seigneurs locaux doivent composer avec une autorité nouvelle, qui ne relève ni totalement du roi de France, ni de l'Empereur.

Ce jeu d'influences trouve son apogée en **1348**, lorsque Clément VI achète Avignon à **la reine Jeanne de Naples**, comtesse de Provence, pour **80 000 florins d'or**. Dès lors, la ville devient une possession pontificale à part entière, soustraite aux enjeux de la noblesse provençale et placée sous l'administration directe du Saint-Siège. Cette acquisition marque un tournant décisif, assurant aux papes un contrôle absolu sur leur nouvelle résidence et justifiant les grands travaux de fortifications engagés sous Benoît XII.

## 2. Le rôle de la guerre et des rivalités franco-anglaises

L'une des raisons majeures de l'édification des remparts tient aussi aux troubles qui secouent l'Europe. La guerre de Cent Ans, qui éclate en **1337**, transforme le sud de la France en un territoire vulnérable aux incursions et aux pillages des bandes de routiers, ces soldats mercenaires désœuvrés entre deux batailles. En 1357, les Tuchins, un groupe de pillards particulièrement redoutés, sèment la terreur dans la vallée du Rhône, accentuant la nécessité de défendre Avignon.

L'influence française sur la papauté, bien qu'indirecte, n'est pas à négliger dans cette période troublée. En

1346, Édouard III d'Angleterre remporte une victoire éclatante à Crécy et menace les possessions françaises. Les papes avignonnais doivent composer avec un équilibre fragile : bien qu'installés en Provence, ils doivent préserver leur neutralité face aux guerres qui ravagent le royaume capétien.

C'est dans ce contexte de menaces militaires et de jeux diplomatiques que l'enceinte d'Avignon prend tout son sens. Construite sous **Benoît XII à partir de 1334,** puis achevée sous **Innocent VI**, elle devient non seulement un rempart contre les incursions ennemies mais aussi un symbole du pouvoir pontifical en Provence.

## 3. Une cité stratégique au cœur des rivalités européennes

Les historiens, comme **Jean Favier** dans *Les papes d'Avignon* (2006), soulignent que ce déplacement de la papauté transforme profondément l'équilibre géopolitique de l'Europe médiévale. Avignon devient non seulement un centre religieux mais aussi un **épicentre diplomatique**, où se jouent des alliances et des tensions entre le roi de France, l'Empereur du Saint-Empire et les grandes familles italiennes.

Ainsi, bien que ce soit l'insécurité romaine qui motive d'abord le départ de la curie vers Avignon, l'installation pontificale ne peut être comprise sans prendre en compte les ambitions politiques du royaume de France, la position ambivalente des comtes de Provence et les rivalités européennes qui traversent le XIVe siècle.

# Chapitre 3 : La construction des remparts

## 1. Un contexte de turbulences et de nécessité (XIVe siècle)

Le XIVe siècle se caractérise par une période de bouleversements profonds : guerres, famines et épidémies frappent durement l'Europe, plongeant le continent dans une instabilité inédite. C'est dans ce contexte tumultueux que l'arrivée des papes à Avignon en 1309, sous le pontificat de Clément V, marque un tournant décisif pour la ville. En devenant le siège du Saint-Siège, Avignon attire à la fois richesses et convoitises, mais aussi de nombreuses tensions géopolitiques.

Cependant, cette prospérité nouvelle a un prix. Tandis qu'Avignon connaît une croissance remarquable, ses alentours sont ravagés par les "Grandes Compagnies", des bandes de mercenaires démobilisés après les conflits européens. Ces troupes errantes, véritables fléaux pour la région, s'attaquent sans relâche aux villages et menacent directement la sécurité de la ville. Ses remparts, trop fragiles pour résister à une attaque organisée, sont devenus un point faible majeur.

Face à cette menace grandissante, Clément VI, élu pape en 1342, décide en 1349 de renforcer les fortifications d'Avignon. Il charge alors Juan Fernández de Heredia, maître de l'ordre des chevaliers de Saint-Jean de Jérusalem et expert militaire, de superviser la construction d'un nouveau système défensif pour la ville. Heredia, déjà connu pour ses réalisations en matière de fortifications à Rhodes, est un choix logique pour mener à bien ce projet ambitieux.

Le projet des remparts prévoit un tracé qui doit sécuriser non seulement le centre-ville, mais aussi ses faubourgs en plein développement. Des murs en pierre solides, accompagnés de fossés et de tours de guet stratégiquement placées, ainsi que de portes fortifiées, forment un ensemble défensif cohérent. Les défenses de la ville doivent non seulement repousser les attaques des mercenaires, mais aussi assurer une surveillance efficace du territoire environnant.

Le financement de ce vaste projet repose principalement sur les ressources ecclésiastiques, mais aussi sur une taxation accrue de la population d'Avignon. En 1349, une nouvelle taxe est instaurée, appelée la taille des remparts, qui frappe les propriétés foncières et commerciales de la ville. Les bourgeois et marchands, ainsi que les paysans des faubourgs, sont lourdement taxés pour financer la construction. Ces nouvelles charges fiscales génèrent des mécontentements parmi la population, déjà éprouvée par les crises économiques et sociales.

Les archives d'Avignon, 1349, témoignent de l'impact de ces impôts sur la ville. Bien que nécessaires pour assurer la défense d'Avignon, ces taxes provoquent des tensions et des révoltes, notamment parmi les paysans qui se voient accablés par des redevances élevées. En 1350, plusieurs soulèvements éclatent, notamment dans les quartiers populaires, où la pression fiscale devient insupportable.

Malgré ces difficultés, sous la supervision de Juan Fernández de Heredia, les travaux progressent. En 1352, un premier cercle de fortifications est achevé, avec des tours de guet telles que la tour des Doms et des portes fortifiées comme la porte Saint-Lazare. Ces structures offrent un contrôle accru de l'accès à la ville, tout en permettant aux défenseurs d'observer et de signaler les dangers à distance.

Ainsi, les remparts d'Avignon, achevés en grande partie sous l'impulsion de Clément VI et la direction de Heredia, transforment la ville en une citadelle imprenable, capable de résister aux invasions et aux attaques. Mais, cette victoire stratégique a un prix : la ville, protégée par ses nouveaux murs imposants, porte le fardeau d'une fiscalité écrasante, source de mécontentement et de tensions sociales.

## 2. Une entreprise colossale : la conception et les enjeux stratégiques

Les remparts d'Avignon, édifiés au XIVe siècle, s'étendent sur 4,3 kilomètres, encerclant la ville et ses faubourgs. Ces fortifications imposantes, d'une hauteur moyenne de 8 mètres et d'une épaisseur de près de 2 mètres, témoignent de l'ingéniosité et de la stratégie des autorités papales pour protéger leur capitale ecclésiastique.

**Conception et matériaux :**

La construction des remparts a été ordonnée par le pape Innocent VI entre 1355 et 1357, en réponse aux menaces des bandes de mercenaires qui parcouraient la région. Les travaux se sont poursuivis sous les pontificats suivants, avec des financements provenant de taxes locales, notamment sur le vin et le sel.

La pierre calcaire utilisée provenait des carrières situées sur l'autre rive du Rhône, notamment à Villeneuve-lès-Avignon. Cette pierre, à la fois esthétique et résistante, était idéale pour supporter les assauts des armes de siège de l'époque, telles que les trébuchets et les mangonneaux.

**Participation des corporations d'artisans :**

La réalisation de ces fortifications a mobilisé de nombreuses corporations d'artisans, essentielles à la réussite du projet.

- Tailleurs de pierre : Organisés en confréries, ces artisans étaient responsables de l'extraction et de la taille des blocs de calcaire, assurant la solidité et la durabilité des murs.
- Menuisiers : Chargés de la construction des structures en bois, telles que les échafaudages, les pont-levis et les herses, leur savoir-faire garantissait le bon fonctionnement des éléments mécaniques des portes et des dispositifs de défense.

**Structure des fortifications :**

- Tours : Les remparts comportent 36 grandes tours et environ 50 petites tours avec des arcs aveugles, espacées stratégiquement pour offrir une couverture complète de la ville. Ces tours permettaient aux défenseurs de surveiller et de repousser les assaillants tout en restant protégés.

- Portes : Les douze portes principales étaient équipées de pont-levis, de herses et de lourdes portes en bois, renforcées par des bastions pour maximiser leur défense en cas d'attaque.
- Fossés : De larges fossés, alimentés en eau par la Sorgue et la Durance, entouraient les murailles pour ralentir l'approche des assaillants et compliquer leurs tentatives d'escalade.

Ainsi, les remparts d'Avignon ne sont pas seulement une barrière physique, mais aussi le reflet de la collaboration entre les autorités papales et les corporations d'artisans. Ces fortifications illustrent l'expertise collective et la détermination déployées pour protéger la ville, marquant un tournant dans l'histoire de l'architecture militaire médiévale.

## 3. Une sécurité souterraine : l'évacuation secrète du pape

Dans l'ombre des gigantesques murailles, un réseau discret mais stratégique de passages souterrains prend forme. Ces galeries, camouflées sous les pieds des habitants, sont une ligne de défense primordiale pour la papauté. Elles offrent la possibilité de fuir en silence, loin des regards des envahisseurs. Reliaientelles le Palais des Papes à des lieux sûrs à l'extérieur de la ville, voire à des sanctuaires fortifiés cachés dans la campagne ? L'hypothèse demeure plausible.

Conçus pour assurer la survie de l'Église en période de crise, ces passages permettent au pape et à ses proches de s'échapper discrètement, garantissant ainsi le maintien de l'ordre ecclésiastique, même dans les moments les plus périlleux. Leur rôle n'est pas seulement stratégique : ces galeries abritent également des trésors et des documents essentiels pour la papauté, des objets que tout pouvoir veut préserver à tout prix.

Mais ces souterrains sont aussi le terreau de nombreuses légendes, notamment celle du trésor des Templiers. Après leur défaite en 1312, il est dit que les richesses de l'Ordre ont été cachées dans des lieux secrets pour échapper à la confiscation. Le Palais des Papes, en raison de son pouvoir et de sa proximité avec l'Ordre, serait l'endroit idéal pour dissimuler ces trésors.

Le mystère qui entoure cette légende n'a jamais été dissipé. Si des recherches archéologiques ont été entreprises, aucune découverte décisive n'a été faite. Pourtant, le mythe d'un trésor templier enfoui dans les galeries secrètes d'Avignon persiste, entre rumeurs et espoirs d'aventuriers.

Si l'Histoire n'apporte aucune réponse définitive, il reste que les souterrains d'Avignon sont une réalité tangible, un secret enfoui sous des siècles de silence. Ces passages, invisibles et mystérieux, pourraient bien être la clé de bien plus que ce que l'on imagine.

## 4. La vie sur le chantier : un microcosme de l'époque

La construction des remparts d'Avignon mobilise une main-d'œuvre considérable, un véritable microcosme de la société médiévale. Des ouvriers locaux, des artisans étrangers, et des paysans réquisitionnés se succèdent sur le chantier. Tailleurs de pierre, maçons, charpentiers, et forgerons, aux côtés de travailleurs moins qualifiés, œuvrent sans relâche, souvent dans des conditions éprouvantes, pour ériger une enceinte capable de protéger la papauté et la ville des assauts extérieurs.

Les archives pontificales révèlent des détails fascinants sur l'organisation du chantier, témoignant de la complexité et de l'ampleur de l'entreprise :

- Travail de jour et de nuit : Les ouvriers, répartis en équipes, travaillent par roulements, jour et nuit. Des torches éclairent le chantier quand la lumière naturelle est insuffisante.
- Transport des matériaux : Des centaines de tonnes de pierre sont acheminées chaque mois depuis les carrières voisines, situées sur la rive opposée du Rhône, à Villeneuve-lès-Avignon et aux Angles. Les barges sont utilisées pour transporter les blocs massifs, permettant ainsi une efficacité accrue dans le transport des matériaux, tout en exploitant la force du fleuve pour faciliter la tâche.
- Supervision et contrôle de la qualité : Des architectes et surveillants sont chargés d'inspecter les travaux quotidiennement, afin de garantir que chaque pierre soit correctement taillée et posée, en conformité avec les plans stricts imposés par la papauté.

La construction des remparts d'Avignon, entreprise monumentale qui s'étend sur plusieurs années, mobilise une main-d'œuvre variée, composée de tailleurs de pierre, de charpentiers, de maçons, et d'ouvriers moins qualifiés. Cette organisation complexe reflète l'ampleur et l'importance stratégique du projet, visant à protéger la papauté et la ville. Chaque artisan, selon son corps de métier, a ses propres méthodes de travail et sa propre rémunération.

Les tailleurs de pierre, par exemple, apposaient des marques distinctives sur chaque bloc qu'ils taillaient.

Cette pratique, courante dans les chantiers médiévaux, permettait de comptabiliser la production individuelle et, de ce fait, de rémunérer les ouvriers en fonction du nombre de pierres qu'ils avaient taillées.

Les charpentiers, en charge de la fabrication des échafaudages et de la charpente des remparts, suivaient probablement une organisation similaire à celle des tailleurs de pierre, bien que les archives à leur sujet soient moins détaillées. Ils marquaient leur travail pour garantir une rémunération proportionnelle à leurs efforts.

La production des charpentiers, bien que faite de bois et moins visible que celle des tailleurs de pierre, était tout aussi indispensable à la solidité des remparts. Les charpentes des tours et des portes, nécessitant une grande précision, étaient souvent rémunérées à un tarif supérieur. Comme pour les tailleurs de pierre, les charpentiers apposaient parfois un symbole ou une marque distincte sur leurs pièces, permettant ainsi de suivre leur travail et d'assurer une évaluation précise de la quantité et de la qualité de la production. La rémunération des charpentiers était souvent basée sur la quantité de bois traité et la complexité des structures réalisées.

Le chantier des remparts n'était pas seulement un lieu de création, mais aussi de souffrance. Les conditions de travail étaient extrêmement pénibles. Les ouvriers étaient soumis à de longues journées de 12 à 14 heures, dans des températures souvent extrêmes, entre les chaleurs étouffantes de l'été et le froid glacial de l'hiver. À cela s'ajoutait le bruit incessant des marteaux, la poussière des carrières, et le poids des matériaux qu'il fallait transporter, parfois à bout de bras. Si les archives papales ne donnent pas de chiffres précis concernant les accidents, il est certain que les risques étaient considérables. Les ouvriers travaillaient sur des échafaudages instables et manipulaient des blocs de pierre pesant plusieurs centaines de kilos. De nombreux travailleurs ont sans doute laissé leur vie sur le chantier, victimes d'accidents tragiques mais inévitables, compte tenu de la dureté des conditions et de l'absence de normes de sécurité.

Ainsi, derrière la majesté des remparts se cache une réalité plus humaine, faite de sacrifices et de tensions. Les ouvriers, souvent oubliés dans les récits historiques, ont payé un lourd tribut pour ériger cette fortification, dont la mémoire, bien que gravée dans la pierre, reste indissociable de l'effort collectif, des luttes et des souffrances qu'a entraînées sa construction. Ces événements témoignent d'une époque où la construction d'une œuvre d'une telle envergure était aussi le reflet des difficultés humaines de ceux qui, dans l'ombre, ont permis à l'histoire de se construire pierre après pierre.

## 5. Anecdotes et Défis Techniques : L'Humanité Derrière les Murs

La construction des remparts d'Avignon, bien qu'imposante, a été marquée par des défis techniques aussi impressionnants que les structures elles-mêmes. Les hommes de l'époque ont dû faire face à des obstacles inattendus, renforçant la dimension humaine de ce chantier titanesque.

La pierre géante du bastion Saint-Dominique : L'un des épisodes les plus mémorables de la construction a été le transport d'un bloc de calcaire exceptionnellement lourd, pesant plus de 20 tonnes, destiné à un bastion près de la porte Saint-Dominique. Ce bloc a nécessité l'effort combiné de 40 hommes et l'utilisation de treuils fabriqués sur mesure. La logistique derrière cet exploit était d'une complexité inouïe, mais il symbolise aussi la détermination des bâtisseurs à surmonter l'impossible. Lors de sa pose, une cérémonie solennelle a eu lieu. Le pape, en bénissant cette pierre, l'a appelée « le cœur des murs », soulignant ainsi la valeur symbolique de cet acte technique.

Les crues du Rhône de 1348 : En 1348, le Rhône, qui borde la ville, a causé une catastrophe. Une crue inattendue a dévasté les sections de remparts les plus proches des berges, emportant pierres et matériaux. Cet événement a interrompu les travaux pendant plusieurs mois. Pourtant, dans les archives papales, on apprend que la papauté a rapidement réagi en modifiant les fondations des sections proches du fleuve. L'ajout de murs de soutènement et l'amélioration des techniques d'étanchéité témoignent de la résilience des ingénieurs de l'époque, qui ont su s'adapter aux défis naturels avec une inventivité remarquable.

Les ravages de la peste noire : En 1347, la peste noire frappe Avignon, et, comme l'atteste la correspondance papale, la ville et ses environs sont dévastés par l'épidémie. La maladie décime les ouvriers et entraîne une chute significative du nombre de travailleurs disponibles. Toutefois, malgré cette tragédie, la papauté ne relâche pas ses efforts pour terminer la construction des remparts. Dans un esprit de résilience, des travailleurs italiens sont recrutés pour remplacer les ouvriers locaux décédés, illustrant l'importance stratégique de la fortification dans un contexte de menace constante. L'urgence de la construction, face aux dangers internes comme externes, donne au chantier une dimension quasi sacrée, où les hommes luttaient non seulement contre les éléments mais aussi contre des forces invisibles.

Une grève sur le chantier de la porte Saint-Lazare en 1345 : Mais l'ampleur du travail n'empêche pas les tensions sociales. En 1345, une grève éclate sur le chantier de la porte Saint-Lazare, motivée par les conditions de travail épuisantes et la rémunération insuffisante. Le texte retrouvé dans les archives papales, relatant les revendications des ouvriers, donne un aperçu frappant de leur désarroi : « Nous ne sommes pas des bêtes, nous avons des familles à nourrir et des corps à préserver pour continuer à servir cette œuvre sacrée. » La grève dure plusieurs jours, paralysant la construction, avant que les autorités papales n'acceptent d'augmenter les salaires et d'améliorer les rations alimentaires. Cet incident illustre non seulement les conditions de travail difficiles, mais aussi les rapports de force entre les ouvriers et les autorités, qui ont dû faire face à une pression croissante pour préserver l'ordre social tout en maintenant l'ambition de construire une citadelle impénétrable.

Ces anecdotes ne sont pas seulement des témoignages de la résilience humaine, mais aussi des preuves de la manière dont les bâtisseurs, tout comme la papauté, ont dû s'adapter aux circonstances imprévues. Ces épreuves, qu'elles soient naturelles, épidémiques ou sociales, montrent l'importance capitale des remparts d'Avignon, non seulement comme fortification, mais aussi comme symbole de la persévérance humaine face aux adversités de son époque.

Ainsi, les remparts d'Avignon, malgré leur grandeur, portent en eux l'histoire de ceux qui les ont érigés, parfois dans l'ombre et souvent dans la souffrance.

Chaque pierre taillée, chaque charpente posée, chaque fondation renforcée est l'aboutissement de siècles de luttes, de pertes et de victoires humaines. Ces murs, aujourd'hui encore, incarnent la mémoire de ceux qui, par leur travail acharné et leurs sacrifices, ont façonné l'histoire de la ville, la dotant d'une défense qui se veut à la fois physique et symbolique.

## 6. Les remparts d'Avignon : Fortification, Symbolisme et Rayonnement

Les remparts d'Avignon, officiellement achevés en 1368 sous le pontificat d'Urbain V, marquent un tournant dans l'histoire de la ville. Après plus de trois décennies de travaux, la cité est désormais protégée par une enceinte imposante, faisant d'Avignon une place forte imprenable. Cette fortification, née d'une vision stratégique et d'un travail acharné, renforce la sécurité de la ville, capable de résister aux sièges les plus redoutables. L'achèvement des remparts est un moment clé dans l'histoire d'Avignon, marquant son passage d'une simple cité médiévale à un centre de pouvoir, d'influence et de prestige.

Cependant, les remparts ne se contentent pas de jouer un rôle strictement militaire. Ils incarnent également le prestige de la papauté et la puissance spirituelle d'Avignon, alors cœur du Saint-Siège. Un poème anonyme du XIVe siècle célèbre la ville en ces termes : "Le joyau des rives du Rhône, ceint d'une couronne de pierre offerte par Dieu lui-même". Ces mots illustrent parfaitement l'importance symbolique des remparts, qui deviennent un signe de la puissance du Saint-Père et de la grandeur de son territoire.

## 7. Le rayonnement de la papauté et les enjeux politiques

Les remparts, en leur majesté, ne sont pas uniquement des symboles de protection mais également des témoins d'un moment où la papauté étendait son influence bien au-delà de la ville d'Avignon. La construction de ces murailles, sous le commandement de papes comme Clément VI, Benoît XII et Urbain V, visait à affirmer la souveraineté du Saint-Siège sur Avignon, un enjeu crucial dans un contexte où l'influence politique se mêlait à la foi religieuse.

Les remparts d'Avignon deviennent ainsi une fortification militaire mais aussi un symbole de la puissance papale. À cette époque, la papauté n'est pas seulement une autorité spirituelle, mais aussi un acteur majeur sur la scène politique européenne, en particulier vis-à-vis des royaumes d'Italie et de France. Les murailles protègent un territoire devenu de facto un État papal, acquis par le pape Jean XXII en 1348 après l'achat de la ville à la couronne de Provence, afin de garantir sa sécurité face aux incursions des comtes de Toulouse et autres puissances locales.

Cet achat, qui fait d'Avignon un fief papal, illustre la volonté du Saint-Siège de s'affirmer face aux menaces extérieures. Mais il révèle également un aspect plus complexe de la relation entre la papauté et les royaumes voisins. En achetant Avignon, le pape Jean XXII non seulement renforce sa position géopolitique, mais il pose également les bases d'un long et complexe jeu diplomatique avec les rois de France, les républiques italiennes et d'autres puissances d'Europe.

## 8. La transformation d'Avignon en un centre de négoce et de culture

En protégeant la ville, les remparts entraînent un essor économique considérable. La sécurité qu'ils offrent devient un argument décisif pour les commerçants, attirés par la prospérité que leur garantie de protection promet. Le commerce, notamment avec les autres régions de France et l'Italie, se développe rapidement. Avignon se transforme en un centre de négoce florissant, contribuant à enrichir la ville et ses habitants. Cette prospérité économique est également alimentée par le rôle central de la ville dans les affaires de l'Église, attirant marchands et artisans.

Avignon devient aussi un centre intellectuel et culturel. Sous les papes d'Avignon, la ville attire de nombreux artistes, architectes, théologiens et philosophes, et devient un phare de la pensée chrétienne. Les papes mécènes, à l'image de Clément VI et d'Urbain V, financent des œuvres d'art, des fresques, des sculptures et des manuscrits. La cité devient un véritable laboratoire culturel, où des idées nouvelles prennent forme. Ce rayonnement artistique et intellectuel témoigne d'une période de grande effervescence, où Avignon joue un rôle déterminant dans l'évolution de l'art et de la pensée médiévale.

## 9. Le rôle des remparts dans la consolidation de l'autorité papale

Les remparts d'Avignon sont aussi un instrument de consolidation de l'autorité papale. À travers leur construction, le Saint-Siège veut affirmer sa souveraineté sur la ville, et par extension, sur l'État papal. Les fortifications deviennent une métaphore de la solidité et de l'immuabilité de la papauté, un pouvoir à la fois temporel et spirituel. Leurs pierres, dont la grandeur impressionne, traduisent la volonté papale de se protéger non seulement des attaques physiques mais aussi de maintenir une autorité indiscutée.

Ces murailles, en se dressant autour d'Avignon, témoignent de l'ambition des papes d'affirmer leur rôle non seulement sur le plan religieux mais aussi sur le plan politique, en imposant une force symbolique comparable à celle des grands souverains d'Europe.

## 10. Les remparts comme héritage vivant

Enfin, aujourd'hui encore, les remparts demeurent un héritage vivant, témoin de la grandeur de la cité et de la puissance papale. Leur résistance à l'épreuve du temps rappelle l'incroyable résilience de la ville face aux guerres, aux destructions et aux bouleversements politiques. Ces remparts sont aujourd'hui inscrits au patrimoine mondial de l'UNESCO, ce qui atteste de leur importance historique et culturelle. Chaque pierre raconte une époque où Avignon, capitale d'un État papal, rayonnait sur l'Europe chrétienne. Leur préservation est aujourd'hui un devoir pour garantir que ce témoignage de l'histoire perdure.

A retenir

**Les remparts d'Avignon dépassent largement le cadre d'une simple défense militaire. Ils incarnent une époque de gloire pour la ville, où elle devient un**

centre économique, culturel et spirituel influent. Ces murailles sont à la fois un témoignage de l'ingéniosité humaine, un symbole de la puissance papale et un moteur économique qui propulse Avignon sur la scène internationale. Ces fortifications ont marqué l'histoire de la ville, et aujourd'hui, elles continuent de témoigner de la grandeur d'Avignon et de l'influence des papes à travers les siècles. Leur préservation constitue un devoir pour nous, afin de perpétuer un héritage indélébile.

# Chapitre 4 : Une structure au service de la défense

## 1. Une forteresse pensée pour résister aux assauts médiévaux

Les remparts d'Avignon, bien qu'apparaissant aujourd'hui comme une structure imposante mais immobile, étaient en réalité une fortification dynamique, conçue pour répondre aux défis militaires du XIVe siècle. Chaque élément de cette enceinte servait une fonction précise, reflétant une science militaire avancée pour l'époque.

Les 39 tours qui ponctuent le tracé des remparts ne sont pas de simples ornements architecturaux. Elles étaient positionnées stratégiquement pour maximiser la couverture défensive et minimiser les angles morts. Les tours circulaires, plus fréquentes dans les sections rénovées au XVe siècle, permettaient de mieux résister aux projectiles, les impacts ayant tendance à ricocher sur leur surface courbe. Les tours quadrangulaires, plus anciennes, offraient cependant une meilleure capacité d'accueil pour les archers et les guetteurs.

Les mâchicoulis, ces avancées en pierre percées d'ouvertures, jouaient un rôle crucial dans les combats de siège. En cas d'attaque, les défenseurs pouvaient lancer des projectiles, de l'huile bouillante, ou des pierres sur les assaillants tentant d'escalader les murs. Une lettre datée de 1352, écrite par un capitaine de garnison d'Avignon, rapporte : "Les mâchicoulis, véritables juges des audacieux, ont souvent transformé l'ambition en désespoir."

Les chemins de ronde, larges et bien entretenus, étaient une autre caractéristique clé des remparts. Ces passages, accessibles par des escaliers intérieurs dissimulés dans les tours, permettaient aux soldats de circuler rapidement pour renforcer un secteur menacé ou pour surveiller les environs. Les archives locales révèlent que l'organisation des patrouilles sur les remparts d'Avignon était une véritable prouesse logistique, pensée pour garantir une vigilance sans faille face aux menaces potentielles. Les patrouilles, composées de soldats sélectionnés pour leur endurance et leur discipline, se déplaçaient en petits groupes de trois à cinq hommes. Chaque groupe avait un itinéraire bien défini, couvrant une section précise des remparts, afin d'assurer une surveillance continue de l'ensemble de la structure longue de 4,3 kilomètres.

Les tours, espacées d'une quarantaine de mètres, servaient de points de contrôle et de repos pour les patrouilleurs. À chaque passage, les soldats devaient signaler leur présence aux gardes postés dans la tour en prononçant une phrase codée, qui changeait régulièrement pour éviter tout risque d'infiltration ennemie. Cette précaution, mentionnée dans un registre militaire de 1372, visait à empêcher les espions ou assaillants de se faire passer pour des membres de la garnison.

La fréquence des patrouilles dépendait du niveau de menace. En temps de paix, un groupe effectuait un tour complet de sa section toutes les trois heures, tandis qu'en période de tension, le rythme était intensifié, avec des rotations toutes les heures. Ces rondes devaient surveiller plusieurs éléments :

- **Les alentours immédiats de la ville** : Les patrouilleurs observaient les champs, les routes et le Rhône pour repérer toute activité suspecte, comme des rassemblements de soldats ou des déplacements inhabituels de marchandises.

- **L'intégrité des remparts** : Chaque patrouille devait vérifier les murs, les tours et les portes pour s'assurer qu'il n'y avait ni brèche ni signe de sabotage.
- **Les civils à l'intérieur des murs** : En cas d'agitation ou de troubles internes, les patrouilleurs alertaient les responsables locaux pour prévenir tout débordement.

Les rotations étaient gérées selon un système de roulement rigoureux. Les soldats effectuaient généralement des quarts de six heures, suivis de six heures de repos, mais ces pauses étaient souvent entrecoupées par d'autres tâches, comme l'entretien des armes ou le transport de provisions. Les tours servaient également de dortoirs temporaires, équipés de paillasses et de braseros pour les nuits d'hiver.

Les archives papales de 1358 contiennent une description précise des équipements portés par les patrouilleurs. Ils étaient armés d'arbalètes ou de lances et portaient des cottes de mailles légères pour ne pas entraver leurs déplacements. Chaque patrouilleur était également équipé d'une corne ou d'une cloche pour donner l'alerte en cas de danger imminent.

Un témoignage d'un capitaine de garnison, consigné dans une lettre datée de 1367, donne un aperçu des défis rencontrés : "Les hommes, bien que dévoués, s'épuisent vite face aux rigueurs des rondes nocturnes. La brume du Rhône et le froid mordant des nuits d'hiver rendent chaque pas douloureux, et les échos du silence amplifient chaque bruit suspect. Pourtant, aucun soldat ne faillit à son devoir, car ils savent que derrière ces murs repose l'honneur de la cité et la sécurité de ses habitants."

Ainsi, les patrouilles sur les remparts n'étaient pas simplement une tâche militaire, mais une mission essentielle, empreinte d'une responsabilité à la fois stratégique et morale, qui contribuait à la sécurité et à la grandeur d'Avignon.

## 2. L'organisation des défenseurs et la vie militaire sur les remparts

La garnison affectée aux remparts d'Avignon se composait d'une centaine de soldats en temps de paix, nombre porté à plusieurs centaines en cas de menace. Chaque soldat avait une tâche bien définie, allant de la surveillance des portes principales à l'entretien des armes et des provisions.

Les documents militaires de l'époque mentionnent la hiérarchie stricte en vigueur :

- **Les capitaines de garnison**, responsables de la stratégie globale et de la coordination des troupes.

- **Les guetteurs**, postés en haut des tours, dont le rôle était de signaler toute activité suspecte aux alentours.

- **Les arbalétriers et archers**, répartis sur les chemins de ronde, prêts à repousser toute tentative d'approche.

- **Les équipes de réserve**, chargées de monter les provisions et les projectiles, ou de défendre les zones vulnérables en cas d'assaut.

Une anecdote tirée des chroniques de 1371 illustre la discipline stricte imposée aux soldats : un guetteur, surpris en train de somnoler à son poste, fut condamné à effectuer une semaine entière de patrouille sans interruption pour racheter sa faute.

La vie sur les remparts n'était pas exempte de difficultés. Les hivers rigoureux, les étés accablants, et le stress constant de l'éventualité d'une attaque pesaient lourdement sur le moral des troupes. Toutefois, les archives révèlent également des moments de camaraderie : des jeux d'adresse, comme des concours de tir à l'arbalète, étaient organisés pour maintenir l'esprit d'équipe.

## 3. L'adaptation aux innovations militaires de la Renaissance

L'apparition des armes à feu et de l'artillerie bouleverse l'art de la guerre à partir du XVe siècle. Les remparts, bien qu'exemplaires pour leur époque, doivent évoluer pour faire face à ces nouvelles menaces. Dès la fin du XVe siècle, des ingénieurs militaires entreprennent de renforcer les sections les plus exposées, en particulier près des portes principales et le long du Rhône.

Les bastions, ces structures en forme d'étoile, sont introduits pour absorber les tirs d'artillerie ennemie. Leur forme angulaire permet de minimiser les dommages causés par les boulets de canon et d'offrir des angles de tir supplémentaires pour les défenseurs. Le bastion Saint-Lazare, construit en 1520, est l'un des exemples les mieux documentés de ces modifications.

Des plans détaillés, conservés à la Bibliothèque nationale de France, montrent également l'ajout de casemates (espaces couverts à l'intérieur des remparts) destinées à abriter des canons. Ces casemates, conçues pour tirer à travers des meurtrières élargies, représentent une véritable innovation technologique. Un rapport militaire daté de 1535, signé par l'ingénieur italien Girolamo della Porta, décrit ces évolutions :

"Avignon, par ses remparts renforcés, est désormais un bastion imprenable, défiant les ambitions des ennemis du Saint-Siège."

## 4. Les remparts : un symbole de puissance et de résilience

Les remparts d'Avignon n'étaient pas seulement une structure défensive ; ils incarnaient aussi le pouvoir et la stabilité de la papauté en Avignon. Les visiteurs, qu'ils soient marchands, diplomates ou pèlerins, étaient immédiatement impressionnés par cette enceinte imposante qui semblait défier le temps.

Un poète anonyme du XIVe siècle décrit ainsi les remparts : "Ces murs qui ceignent la cité des Papes, Témoins de foi, de pierre, et de grâce, Veillent sur l'innocent, effraient le maraud, Avignon, fière forteresse sur le Rhône."

La ville, protégée par ces remparts, devient un refuge pour les populations environnantes en cas de trouble.

Les églises, les palais, et les marchés prospèrent à l'ombre de ces murs, contribuant à faire d'Avignon une métropole florissante.

## A retenir

Les remparts d'Avignon sont bien plus qu'un simple vestige de pierre. Ils incarnent une période où la stratégie, l'innovation, et la résilience humaine se sont unies pour protéger une ville devenue le cœur du monde chrétien. Témoins silencieux mais éloquents de cette époque, ils continuent aujourd'hui de fasciner par leur ingéniosité et leur rôle central dans l'histoire de la cité des Papes.

# Chapitre 5 : Les remparts à travers les siècles

Malgré leur robustesse, les remparts connurent des périodes de déclin et de transformation, reflétant les changements politiques et sociaux.

## 1. Le départ du pape et la fin de la garnison militaire 1377)

Le départ de la papauté d'Avignon en 1377, marqué par le retour du pape Grégoire XI à Rome, entraîne une transformation profonde pour la ville et ses fortifications. Après près de 70 ans de présence papale, Avignon perd son statut de capitale spirituelle et politique, ce qui a des répercussions directes sur la défense de la ville. Durant la papauté, les remparts avaient une fonction cruciale, non seulement pour protéger le Saint-Siège et la cour papale, mais aussi pour défendre les résidents contre les menaces extérieures. La garnison militaire, permanente et bien équipée, assurait la sécurité des lieux, renforçant ainsi l'importance stratégique des murailles. Cependant, avec le départ du pape, cette fonction défensive change radicalement. La garnison militaire qui assurait la protection des remparts quitte Avignon, marquant la fin de la période où la ville était un bastion papal. La protection de la ville devient alors moins centralisée, et les remparts, bien que toujours présents, ne bénéficient plus de l'attention militaire continue qu'ils avaient connue sous la papauté.

Si les remparts conservent leur rôle symbolique de défense, ils ne sont plus autant soutenus par une force militaire organisée. La ville d'Avignon se retrouve à gérer ses propres préoccupations de sécurité face aux menaces extérieures, principalement venant des puissances régionales, telles que les comtes de Provence, qui aspirent à accroître leur influence dans la région. La garnison est donc dissoute, et les remparts, bien que toujours existants, voient leur rôle évoluer : d'un élément militaire indispensable à un symbole de protection, certes, mais plus seulement d'un point de vue stratégique immédiat.

## 2. Un changement dans l'attitude de La population

L'évolution du rôle des remparts en tant que simple symbole de protection marque aussi un tournant dans la gestion de la sécurité de la ville. Les Avignonnais, autrefois protégés par une armée papale, doivent désormais prendre en main leur propre défense. Cette nouvelle autonomie pourrait être perçue comme un défi pour la population civile, souvent désarmée face aux menaces extérieures. Cependant, cela n'empêche pas les habitants de la ville de maintenir un sentiment de sécurité, même si la garnison militaire a disparu. Ils continuent à voir dans les remparts un rempart symbolique, même si leur fonction pratique a largement diminué.

Ainsi, le départ de la papauté met un terme à une époque où la sécurité de la ville reposait principalement sur l'armature militaire papale. Mais, loin de disparaître, les remparts continuent de marquer le paysage urbain, témoignant d'une époque révolue et de la transition vers une nouvelle organisation politique et militaire.

## 3. Sous l'Ancien Régime

Les remparts d'Avignon jouèrent un rôle crucial au cours des guerres de Religion qui déchirèrent la France au XVIe siècle. La ville, majoritairement catholique et sous l'influence du Saint-Siège, se retrouva régulièrement menacée par les forces protestantes. En 1562, les tensions s'intensifièrent lorsque les troupes huguenotes tentèrent d'assiéger Avignon, cherchant à s'emparer de cette place forte stratégique.

Face à ces menaces répétées, la municipalité renforça les défenses et fit appel à des milices locales pour assurer la protection des remparts. Des récits de l'époque témoignent de la mobilisation des habitants, contraints de financer et d'exécuter eux-mêmes certains travaux de fortification. Dans une lettre datée de 1570, un conseiller municipal évoque « l'épuisement des ressources de la ville » pour entretenir ces murailles, mais aussi « l'indéfectible volonté des Avignonnais de défendre leur cité ». Cette mobilisation est également attestée par les registres des Archives municipales d'Avignon, qui conservent des délibérations et des comptes détaillant les sommes prélevées auprès des corporations de marchands et des propriétaires fonciers pour financer ces restaurations (Archives municipales d'Avignon, Registre des délibérations du Conseil Municipal de la ville d'Avignon, 1570). Après chaque assaut, les dégâts subis par les remparts nécessitèrent d'importantes campagnes de réparation. Certaines sections furent reconstruites à la hâte avec des matériaux de fortune, tandis que d'autres bénéficièrent d'un véritable renforcement en prévision de futurs affrontements. Les archives municipales conservent des registres détaillant les sommes prélevées auprès des corporations de marchands et des propriétaires fonciers pour financer ces restaurations.

Au-delà de leur fonction militaire, les remparts devinrent un symbole de résilience et d'identité pour la population. À plusieurs reprises, des cérémonies furent organisées pour célébrer leur sauvegarde après une victoire ou un siège repoussé. Ainsi, au fil des décennies, ces murailles ne furent pas seulement des structures défensives : elles devinrent le témoin de la foi, du courage et des sacrifices consentis par les Avignonnais pour préserver leur ville dans l'une des périodes les plus troublées de son histoire.

## 4. La Révolution et l'ère napoléonienne

Avec l'arrivée de la Révolution française en 1789 et le rattachement d'Avignon à la France en 1797, les remparts perdirent leur fonction défensive. La ville, désormais rattachée au Royaume de France après la signature du traité de Tolentino, n'avait plus besoin de ces fortifications pour se protéger des invasions extérieures. Dans ce nouveau contexte, les remparts furent utilisés à des fins fiscales. Ils servirent de barrières douanières pour contrôler les marchandises entrant dans la ville. Sous Napoléon Ier, plusieurs projets furent envisagés pour démanteler les remparts, jugés inutiles dans un contexte de paix et de consolidation nationale. L'Empereur, dans son désir de moderniser les infrastructures urbaines, considérait ces murs comme un frein à l'expansion de la ville. Certaines parties des remparts furent effectivement détruites, notamment les sections périphériques, tandis que des projets d'urbanisation firent disparaître des portions moins stratégiques des fortifications.

Cependant, la plupart des remparts, en particulier ceux qui entouraient le cœur historique de la ville, furent préservés. Cette décision de maintenir les fortifications principales fut un choix judicieux, car elle permettait à Avignon de conserver une partie de son patrimoine médiéval. Ces murs, témoins de l'histoire de la ville, traverseront les siècles et joueront un rôle essentiel dans l'identité d'Avignon, bien au-delà de leur fonction initiale de défense.

## 5. Le XIXe siècle et le renouveau

Au XIXe siècle, l'essor du mouvement romantique marqua un tournant dans la perception du patrimoine médiéval. Les remparts d'Avignon, avec leur majesté et leur histoire, firent partie de ce regain d'intérêt pour les vestiges du passé. Cependant, cette époque de redécouverte fut aussi celle des menaces potentielles pour ce patrimoine.

Sous l'impulsion de Prosper Mérimée, inspecteur général des Monuments Historiques, les remparts furent inscrits à l'inventaire des monuments historiques en 1840, et des travaux de restauration commencèrent dans les années 1850. Néanmoins, l'histoire des remparts au XIXe siècle fut marquée par des débats et des projets qui envisagèrent leur démolition. En effet, durant la première moitié du siècle, certains voyaient dans ces murailles un obstacle à l'expansion de la ville, surtout avec les progrès de l'urbanisme et de l'industrialisation. Des projets de démolition furent ainsi envisagés, jugés nécessaires pour aménager les espaces autour de la ville et faciliter les déplacements. Il fallut toute l'énergie de Mérimée, épaulé par les défenseurs du patrimoine, pour faire entendre l'importance historique et esthétique des remparts. Dans ses carnets, il qualifiait les fortifications d'Avignon de « poème de pierre », soulignant leur beauté et leur symbolisme. Cette reconnaissance par la classe intellectuelle et artistique de l'époque permit de sauver ces murailles, leur conférant un statut patrimonial et culturel incontestable.

***Ainsi, au moment où d'autres villes démolissaient leurs fortifications, Avignon réussit à préserver son héritage, notamment grâce à la vision de Mérimée,***

*et à offrir au monde un exemple unique de l'architecture médiévale. La restauration des remparts, loin d'être simplement un acte de conservation, fut aussi un acte symbolique. Elle redonna à la ville son visage d'antan et fit de ses remparts un lieu de mémoire et de rencontre entre le passé et le présent, attirant ainsi artistes, écrivains et voyageurs.*

# Chapitre 6 : Les remparts et la protection contre les inondations : Une défense face aux caprices du Rhône

Les remparts d'Avignon, érigés principalement pour des raisons militaires, ont également joué un rôle essentiel dans la préservation de la ville contre un autre type de danger, tout aussi dévastateur : les inondations du Rhône. Si les fortifications étaient avant tout un rempart contre les ennemis extérieurs, elles ont, au fil des siècles, permis de protéger la cité des crues du fleuve, un phénomène récurrent dans cette région.

## 1. Une géographie vulnérable

Avignon présente une topographie particulièrement vulnérable aux crues du Rhône. Les eaux du fleuve, alimentées par les rivières de montagne, peuvent déborder violemment en période de fortes pluies ou de fonte des neiges. Tout au long de l'histoire, les habitants de la ville ont dû composer avec la menace permanente de ces crues. Mais, paradoxalement, les remparts, construits pour défendre la ville contre des ennemis extérieurs, ont aussi servi de rempart face aux eaux du Rhône.

Le Rhône, dans son cours naturel, présente une géographie susceptible d'entraîner des crues catastrophiques. Les anciens témoignages relatent des inondations dévastatrices, dont certaines ont menacé la cité à des périodes critiques de son histoire. La ville, construite au bord du fleuve, a toujours dû trouver un équilibre entre exploitation des ressources du Rhône et gestion des risques liés à son imprévisibilité.

## 2. L'adaptation des remparts face aux crues

Dès le Moyen Âge, les premiers enregistrements montrent que les Avignonnais étaient confrontés à des inondations récurrentes. Cependant, l'extension des remparts, qui encerclaient alors la ville, s'accompagna de mesures visant à renforcer leur efficacité contre les crues du Rhône. Au fur et à mesure de l'évolution de la ville, des aménagements furent réalisés pour modifier et adapter les structures existantes en vue de protéger la cité des eaux montantes.

Les remparts, souvent renforcés au fil des siècles, furent progressivement dotés de divers dispositifs pour détourner ou contenir les eaux du fleuve. Les fossés qui les entouraient, habituellement remplis d'eau pour renforcer la défense contre les attaques, furent parfois utilisés pour créer des systèmes d'évacuation, permettant de canaliser les eaux excédentaires loin de la ville. Ce système, bien que rudimentaire, témoignait d'une gestion précoce des risques d'inondation.

Au Moyen Âge, les remparts étaient en partie protégés par des terres surélevées, des levées de terre et des parapets. Cette technique, qui visait à renforcer leur résistance face aux assauts militaires, eut aussi un rôle dans la gestion de l'eau. Certaines sections des remparts, particulièrement vulnérables à l'élévation du niveau du Rhône, furent dotées de protections supplémentaires, telles que des murs de soutènement renforcés ou des ouvrages permettant d'éloigner les eaux. Ces aménagements avaient un double rôle : soutenir les murs tout en repoussant les crues.

## 3. Les grandes crues et les remparts

Au cours des siècles, la ville d'Avignon fut frappée par plusieurs crues dévastatrices, dont certaines marquèrent profondément les mémoires locales. En 1840, une crue majeure du Rhône faillit engloutir une grande partie de la ville. Cependant, grâce aux efforts de consolidation des remparts et à l'aménagement de systèmes de drainage autour de ceux-ci, Avignon parvint à éviter un désastre total. Les murs de la ville, renforcés à partir du XVIIe siècle, réussirent à contenir l'assaut des eaux, et bien que certaines zones furent submergées, la ville put se relever plus rapidement que d'autres localités environnantes.

Les archives municipales et les récits locaux rapportent que durant cette crue, la ville fut protégée par les remparts renforcés, mais aussi par une gestion anticipée des risques. Des murs supplémentaires furent construits aux points les plus vulnérables, et des écluses furent installées pour permettre l'évacuation des eaux dans les zones de marais, éloignant ainsi le danger pour la ville. Ces aménagements préfigurèrent les stratégies modernes de gestion des crues.

## 4. La gestion des crues au XIXe et XXe siècle

Le XIXe siècle, avec la modernisation de l'urbanisme et la généralisation des technologies hydrauliques, vit un renforcement des protections naturelles et artificielles contre les inondations. Sous Napoléon III, des travaux de consolidation des berges furent entrepris, et les remparts d'Avignon, déjà classés pour leur valeur historique, reçurent des travaux de réhabilitation et de restauration, ce qui leur permit de renforcer encore leur rôle de bouclier contre les crues.

À la fin du XIXe siècle et au début du XXe, des dispositifs comme les canaux de dérivation et les digues furent installés en complément des remparts. L'essor des techniques modernes permit une gestion plus efficace des eaux du Rhône, mais les remparts continuèrent de jouer un rôle crucial. Ainsi, ces derniers, au-delà de leur fonction défensive et symbolique, ont constitué une défense naturelle contre les crues, alliant patrimoine historique et fonction de régulation de l'eau. Cette adaptation progressive des remparts a permis à la ville de conserver une part importante de son héritage tout en répondant aux enjeux contemporains de gestion des risques.

## 5. Conclusion : Les remparts, entre défense militaire et protection naturelle

Au fil des siècles, les remparts d'Avignon ont su s'adapter aux différentes menaces qui ont pesé sur la ville, qu'elles soient militaires ou naturelles. Les crues du Rhône, bien que parfois dévastatrices, n'ont jamais pu submerger complètement la ville, en grande partie grâce à ces fortifications qui ont su se transformer en remparts de protection contre les eaux. Aujourd'hui encore, les remparts témoignent de cette double fonction : celle de défendre la ville contre les agressions extérieures et celle de protéger les Avignonnais des caprices du fleuve.

# Chapitre 7 : Les remparts dans la modernité

Aujourd'hui, les remparts sont un symbole incontournable d'Avignon, mais leur préservation pose de nombreux défis.

## La préservation

Les remparts, exposés aux intempéries et à la pollution, subissent une lente dégradation. Les fissures, les infiltrations d'eau et la végétation invasive nécessitent des interventions régulières. Les restaurations modernes, bien qu'indispensables, sont coûteuses et parfois critiquées pour leur manque d'authenticité.

Certaines sections des remparts risquent de s'effondrer sans intervention urgente.

## Une attraction touristique majeure

Malgré ces défis, les remparts demeurent un atout majeur pour le tourisme. Les visiteurs peuvent explorer leurs tours, participer à des visites guidées, et assister à des événements culturels organisés dans ce cadre unique. Chaque année, le festival d'Avignon met en lumière ces murs historiques, leur conférant un rôle vivant dans la culture contemporaine.

## A retenir

Les remparts d'Avignon, bien plus que de simples fortifications, sont le symbole d'une ville qui a su préserver son patrimoine tout en s'adaptant aux défis du temps. Leur histoire, riche et complexe, témoigne d'un dialogue constant entre passé et présent, tradition et modernité. Cependant, il est impossible de fermer les yeux sur leur état de décrépitude actuel. Malgré les efforts de préservation, ces murailles, témoins de tant de siècles, souffrent aujourd'hui d'un manque de soins et d'attention. Les pierres se fissurent, les tours se fragilisent, et la végétation gagne du terrain, menaçant d'effacer peu à peu cette magnifique empreinte de l'histoire. Il est urgent que des actions concrètes soient entreprises pour que les remparts continuent à veiller sur Avignon, non seulement comme vestiges du passé, mais aussi comme promesse pour l'avenir.

# Présentation des Sources

L'écriture de cet ouvrage repose sur une démarche mêlant rigueur historique et approche narrative. Les sources mobilisées proviennent d'un éventail varié de documents réels, d'archives fictives et d'interprétations créatives destinées à combler les lacunes historiques tout en respectant la vraisemblance de l'époque.

**Note sur les limites des archives :**

Bien que l'archive soit riche, elle présente parfois des lacunes, notamment dans la documentation des vies quotidiennes des ouvriers ou des artisans.

Certaines parties de l'histoire des remparts restent obscures, ce qui nécessite d'avoir recours à une reconstruction plausible. Afin de donner vie aux événements et personnages historiques, des archives fictives ont été créées. Elles s'appuient sur des pratiques documentées et des écrits similaires d'époques voisines.

**Justification de la Méthode**

Les sources fictives ont été introduites pour enrichir les éléments factuels et combler les silences des archives historiques. Elles permettent de :

• Donner une voix aux acteurs modestes souvent absents des documents officiels.

• Illustrer les enjeux quotidiens des projets de fortification, des tensions sociales aux contraintes techniques.

**Précision méthodologique** :

Bien que l'utilisation de sources fictives comporte un risque de "prendre des libertés" avec l'histoire, cette démarche vise à ne pas dénaturer les faits historiques mais à rendre l'histoire vivante, palpable, et accessible. Elle offre un éclairage sur les réalités humaines souvent invisibles derrière les chiffres et les grands événements. Toute erreur ou interprétation dans cet ouvrage reste de mon entière responsabilité et résulte du choix de combiner la recherche historique avec une narration accessible.

Ainsi, les remparts d'Avignon se dévoilent dans toute leur richesse, non seulement comme une prouesse d'ingénierie, mais aussi comme le reflet des espoirs et des luttes d'une époque. Chaque page de cet ouvrage s'efforce de restituer l'écho de ces pierres qui, bien qu'immobiles, continuent de nous raconter leur histoire

# Un peu de poésie à la gloire des remparts

## Debout, Avignon ! Défends tes remparts !

Avignon, te voilà muette et résignée,
Tes remparts agonisent, tes pierres sont saignées,
Le temps ronge leur chair, le vent creuse leur peau,
Et toi, ville aveuglée, tu courbes le dos !

Ces murs ont résisté aux flammes et aux guerres,
Aux sièges, aux assauts, aux siècles en colère,
Mais ils tombent aujourd'hui sous un pire fléau :
L'oubli qui détruit bien plus sûr qu'un marteau.

Où sont donc tes enfants, fiers du sang de leur terre ?
Où sont ceux qui devraient s'opposer à l'enfer ?
Doit-on voir s'effondrer, sous l'indifférence,
Ce rempart glorieux, symbole et défense ?

L'histoire n'est pas cendre et ne doit pas mourir,
On ne bâtit demain en refusant d'hier.
À force d'oublier, on finit par trahir,
Et l'oubli, plus que l'âge, est le vrai adversaire.

Que faudra-t-il donc pour briser ce silence ?
Que l'ultime rempart s'écroule en un instant ?
Que la pierre brisée supplie qu'on la panse,
Tandis qu'on détourne un regard indolent ?

Non ! Laissez-les debout, ces murailles vivantes,
Elles portent en leur sein la mémoire vibrante.
Qui néglige ses murs abandonne son nom,
Et perd avec eux bien plus qu'une maison.

# Sous les cieux d'Avignon

Sous les cieux d'Avignon, le temps se fait songe,
Les pierres ont de vieux secrets qui les rongent.
Les remparts, fiers et forts, veillent la nuit,
Racontent le passé que le temps ne fuit.

Chaque faîte, chaque pierre et brèche usée,
Porte l'écho d'un temps perdu qui l'a brisé.
Le vent qui les caresse et les invoque en paix,
Chante l'histoire d'un monde un peu trop secret.

Le Rhône, placide, berce ses rives d'or,
Témoin des siècles où naît la poussière.
Les voiles du matin glissent sans un bruit,
Portant l'âme du temps qui à l'ombre fuit.

Ô toi, ville fière, parée de légendes,
Tes remparts sont des vers que le vent nous commande.
Ils chantent sans arrêt l'hymne des anciens,
Dans chaque fissure il est un souffle, un destin.

Ce n'est ni la guerre, ni l'acier des maîtres,
Mais la force d'un peuple qui jamais ne cède.
L'éternité jaillit du sol où tu prends place,
Et l'avenir s'élance, forgé dans ta grâce.

Et toi, Avignon, qui contemples l'horizon,
Ne laisse pas tes murs se perdre dans le son.
C'est dans leur ombre que renaît la lumière,
Dans leur souffle vivant, ton avenir éclaire.

# LES EFFORTS D'HENRI DUFFAUT POUR LES REMPARTS D'AVIGNON, PUIS LEUR ABANDON

Entre 1953 et 1974, sous la municipalité d'Henri Duffaut, la ville d'Avignon a connu une véritable politique de mise en valeur de ses remparts. Un vaste chantier fut lance : dégagement des constructions adossées aux murailles, libération des abords, restauration de l'authenticité du monument. L'objectif était clair : préserver l'intégrité architecturale des remparts et leur redonner toute leur place dans le paysage urbain.

Henri Duffaut en avait fait un symbole de son action municipale. Il declarait :

*« LES REMPARTS SONT L'AME D'AVIGNON. LES ETOUFFER SOUS DU BETON, C'EST RENIER NOTRE HISTOIRE. IL FAUT LEUR RENDRE L'ESPACE, L'AIR, LA DIGNITE. »*

Mais une fois son mandat achevé, cette volonté s'est dissipée. Les municipalités suivantes n'ont pas poursuivi avec la même intensité. Les restaurations sont devenues sporadiques, isolées, sans vision d'ensemble. Ce relâchement a entraîné une dégradation progressive de plusieurs sections du rempart, révélant l'absence d'une politique cohérente de préservation.

## Honte à toi, l'ingrate

Honte à toi, ma ville, Avignon,
Toi qui détournes les yeux,
Toi qui passes sans voir,
Toi qui laisses s'effriter l'ossature de ton honneur.

Ils sont là, les remparts,
Silhouettes blessées sous les cieux,
Vieilles sentinelles à bout de souffle,
Oubliées de ceux qu'ils ont sauvés.

Tu leur dois tant,
À ces murailles dressées dans le tumulte des siècles,
Elles t'ont ceinturée comme une mère serre son enfant,
Te protégeant des flèches, du fer,

Et des débordements furieux du Rhône en colère.

Elles ont contenu les armées,
Elles ont résisté à l'histoire et aux saisons,
Elles ont gardé ton nom vivant
Quand tout autour tombait en ruine.

Et toi, ville fière de façade,
Toi qui fais commerce de ton passé sans vergogne,
Tu les laisses pourrir dans l'indifférence,
Tu les livres aux ronces, aux fissures, à l'oubli.

Quelle ingratitude t'a gagnée ?
Quel aveuglement t'a frappée ?
Où sont les mains pour les soigner,
Les cœurs pour s'en souvenir,
Les voix pour crier qu'on ne laisse pas mourir ce qui nous a protégés ?

Ma ville, je t'aime mais je te blâme,
Car ton silence est une trahison,
Et l'histoire ne pardonne jamais à ceux
Qui la laissent s'effondrer dans la poussière.

## Murmures de pierre

Ils se dressent encore, fatigués mais fiers,
ces remparts que le temps n'a pas su faire taire.
À chaque brèche, une blessure. À chaque fissure, une plainte.
Et pourtant, nul ne semble plus les entendre.

Les siècles leur ont donné ce que l'homme leur retire :
du soin, de l'attention, du respect.
Ils ont vu passer les papes, les marchands, les guerres,
et maintenant... le silence et l'oubli.

Sous le lierre et la poussière, une mémoire s'efface.
Les pierres ne pleurent pas, mais elles tombent.

Et quand elles tombent, c'est tout un pan de notre histoire qui s'effondre avec elles.

À ceux qui aiment le Vaucluse,
à ceux qui marchent fièrement dans les rues d'Avignon,
à ceux qui disent aimer leur terre :
ouvrez les yeux, ouvrez le cœur.

Car préserver ces remparts,
ce n'est pas regarder vers le passé,
c'est tendre la main à l'avenir.

# Manifeste pour les remparts d'Avignon

## L'abandon n'est plus une option

Avignon brandit fièrement son Palais des Papes, s'enorgueillit de son Pont Saint Bénezet. Mais ses remparts ? Ces murailles puissantes qui ceignent la ville depuis le XIVe siècle, qui parlent de grandeur, de courage, d'histoire ? On les laisse tomber. Littéralement.

Pierre après pierre, ils s'effritent. Ils s'enfoncent dans l'oubli. Et la ville n'aurait « pas les moyens » de les entretenir ? Sérieusement ?

Quand Clément VI a envoyé Juan Fernández de Heredia bâtir cette enceinte au plus fort de la peste noire, il n'a pas attendu des subventions régionales ni une ligne budgétaire. Il a agi. Parce que c'était vital. Parce qu'Avignon devait être défendue, affirmée, portée à la hauteur de son destin.

Et aujourd'hui, alors même que ces remparts sont **classés au patrimoine mondial de l'UNESCO, inscrits aux Monuments historiques**, alors qu'ils attirent chaque année des milliers de visiteurs, **on les laisse mourir** ?

C'est plus qu'un scandale : c'est un affront.
Un crachat au visage des bâtisseurs.
Un aveu de faiblesse pour une nation qui se prétend patrie du patrimoine.
Un reniement.
Les remparts d'Avignon ne sont pas un décor de carte postale. Ce sont les os de la ville. Une ceinture de pierre forgée par le génie médiéval, pensée pour protéger, mais aussi pour impressionner. Ce sont **des fondations**

**vivantes**, une ligne de force qui raconte un pouvoir pontifical unique hors de Rome, une architecture militaire d'exception, un urbanisme visionnaire.

Et on les laisse pourrir.

Il faut le répéter : **en pleine crise européenne**, les papes en exil ont su trouver de quoi les ériger. Et nous, avec tous nos moyens modernes, serions incapables de les restaurer ? Ce serait risible si ce n'était pas si pathétique.

Restaurer les remparts ne serait pas seulement un devoir. Ce serait une opportunité immense. Ces murs s'élevaient à **huit mètres de haut**, bordés d'un **fossé profond de quatre mètres**, alimenté par les eaux de la Sorgue et de la Durance. Une reconstitution fidèle donnerait aux visiteurs **une vision saisissante** de ce qu'était Avignon autrefois.

Et pourquoi ne pas aller plus loin ? Créer **un véritable circuit des remparts**, avec parcours en hauteur, sentier de ronde, ouverture des galeries souterraines aujourd'hui ignorées ? Le potentiel touristique est énorme. L'histoire est là. La pierre est là. Ce qui manque ? **La volonté.** Le cran politique de considérer le patrimoine non pas comme un poids, mais comme un levier.

Ce patrimoine n'appartient ni à la mairie, ni à une commission, ni à un budget. **Il nous appartient à tous.** Il est **héritage commun, mémoire vivante, colonne vertébrale de la ville.**

Ne rien faire, c'est renoncer. C'est se rendre. C'est voler aux générations futures ce qu'il ne nous appartient pas de détruire.

**Nous exigeons leur restauration complète. Visible. Ambitieuse. À la hauteur de leur histoire.**

**Agir, c'est refuser le déclin.**

**Agir, c'est se montrer digne.**

Qui aime Avignon ne peut détourner les yeux du sort réservé à ses remparts. Les voir ainsi livrés à l'abandon est une offense faite à l'Histoire.

Classés monuments historiques en 1906, 1914, 1915 et 1937, inscrits au patrimoine mondial de l'UNESCO, ces murailles devraient être l'objet d'un soin constant, d'un respect absolu. Or, elles se dégradent, pierre après pierre, dans une indifférence qui confine au reniement.

Ce n'est pas seulement une enceinte que le temps ronge — c'est un fragment de notre identité.

Comme Prosper Mérimée en son temps, je le dis avec gravité : laisser disparaître les remparts d'Avignon serait un malheur public. Et comme lui, j'affirme qu'il faut se lever, se dresser, résister.

**J'en appelle solennellement à la Ville d'Avignon :**

- qu'elle prenne la mesure de sa responsabilité historique
- qu'elle mobilise les aides, les financements, les volontés
- qu'elle agisse, enfin.

Le pape Clément VI, au cœur de la guerre de Cent Ans, alors que la lèpre faisait trembler les foules, a su rassembler les ressources pour élever ces murs.

Et nous, en ce XXIe siècle suréquipé, serions-nous incapables de les sauver ?

**Ce n'est pas l'argent qui manque. C'est la volonté.**

**Citoyens d'Avignon, amoureux de l'histoire, défenseurs du beau :**

- **ne restez pas muets.**
- **interpellez,**
- **écrivez,**
- **alertez**
- **faites entendre vos voix.**

**Si nous ne nous levons pas aujourd'hui, demain il sera trop tard. Les remparts tomberont dans le silence que nous aurons laissé faire. Et il ne nous restera plus que nos regrets, pour pleurer les pierres mortes de notre histoire vivante.**

**Préserver les remparts, ce n'est pas sauver un décor.**

**C'est défendre une mémoire, un héritage, une fierté.**

**C'est être à la hauteur de l'Histoire.**

## DU MEME AUTEUR

Aux Editions BoD . Books on Demand

- **Le Tyran de Saint Maurice sous les Côtes**
- **Les Ombres du Temps Passé**

© 2025 Roger SEILLE
Édition : BoD - Books on Demand,
31 avenue Saint-Rémy, 57600 Forbach,
bod@bod.fr
Impression : Libri Plureos GmbH,
Friedensallee 273, 22763 Hamburg (Allemagne)
ISBN : 978-2-3225-9537-2
Dépôt légal : Avril 2025